AF451864

SOLFÉGE-MANUEL

COMPOSÉ SPÉCIALEMENT

POUR LES

COURS DE SOLFÉGE

PAR

A. LIMAGNE

PROFESSEUR AU PENSIONNAT DES FRÈRES DES ÉCOLES CHRÉTIENNES A PASSY-LÈS-PARIS

PREMIÈRE PARTIE

PRIX NET

Chaque Partie. . . . . 1 fr.

PUBLIÉ PAR L'AUTEUR

RUE DU FAUBOURG-POISSONNIÈRE, 112, PARIS

RUE BASSE, 46, PASSY-LÈS-PARIS

1857

MUSIQUE TYPOGRAPHIQUE

DE TANTEINSTEIN ET CORDEL

92 rue de la Harpe.

Imprimerie Maulde et Renou, rue de Rivoli 144.

PRÉFACE

L'étude de la musique ne peut se propager que par les cours de solfége.

Si ces cours ne sont pas aussi répandus qu'ils pourraient l'être, il faut l'attribuer, selon nous, au manque presque absolu de méthodes réunissant les conditions indispensables de succès.

C'est cette pensée qui a présidé à la composition de ce *Solfège-Manuel*, et qui nous décide à le publier aujourd'hui.

Faire un ouvrage simple, progressif, attrayant, commode, complet et d'un prix très modéré, tel a été notre but.

L'expérience que nous en avons faite pendant plusieurs années nous permet de croire que nous avons réussi. Aux maîtres à prononcer si nous n'avons point trop présumé des qualités de cette œuvre.

Quel que soit le jugement qu'on en porte, nous espérons du moins qu'on ne nous refusera pas le mérite d'un travail consciencieux. S'il pouvait ensuite servir à répandre et à populariser la musique, nous nous croirions assez récompensé de nos efforts et de nos veilles : nous n'ambitionnons rien au-delà.

Passy, ce 25 Juin 1856.

AVANT-PROPOS.

Pour l'enseignement de la musique suivant la méthode exposée dans cet ouvrage, il faut deux choses: un tableau simple et le *Solfége-Manuel*.

Le professeur tracera d'abord sur le tableau une portée très large, et, sur cette portée, la clef de *sol* avec ses principales notes. Les premières leçons seront consacrées à bien faire connaître le nom des notes, et à battre isolément la mesure à quatre temps. Les élèves apprendront ensuite à chanter la gamme d'*ut* majeur, d'abord sans mesure, puis avec mesure et en rondes. Cela fait, au moyen d'une gamme sans mesure écrite sur le tableau, les élèves seront exercés sur l'intervalle de seconde.

Après ces premières leçons préparatoires on abordera les leçons du solfége sur les rondes, ensuite celles sur les blanches, et immédiatement on pourra faire chanter ces leçons à deux parties, ce qui donnera occasion de repasser les premiers numéros sans ennui.

De même, les leçons sur chacun des intervalles seront précédées d'exercices sans mesure sur le tableau, exercices qu'il sera loisible de varier à l'infini, puisque nous les considérons comme étant du domaine du professeur.

Un numéro placé entre parenthèses au commencement de chaque leçon indique la leçon correspondante qui peut se chanter en même temps.

Il serait bon que les professeurs qui se servent d'un instrument pour donner leurs leçons, chargeassent un élève de frapper chaque temps de la mesure.

Dans les canons, morceaux à deux ou plusieurs parties, qui peuvent recommencer indéfiniment, des chiffres indiquent le moment où chaque partie doit commencer. Lorsqu'il y a le mot FIN dans un canon, à un signal donné, les parties doivent s'y arrêter successivement; si ce mot n'existe pas, toutes les parties cessent en même temps, à un signal donné, sur la fin d'une période.

Les principes qui précèdent les leçons serviront à initier graduellement les élèves à la connaissance de l'art. Si, au premier abord, ces principes paraissent s'éloigner de ceux généralement exposés dans de semblables ouvrages, ils ne doivent cependant inspirer aucune défiance, vu leur parfaite rigueur et la haute approbation qu'ils ont reçue de personnes éminemment compétentes. Au reste, à ce sujet comme pour tout ce qui précède, nous nous en rapportons absolument à la sagesse des professeurs, persuadé que leur intelligence fera plus que tous nos conseils et nos observations. C'est donc à leur bienveillant concours que nous nous adressons surtout. Puisse-t-il ne pas nous faire défaut!

SOLFÉGE-MANUEL.

NOTIONS PRÉLIMINAIRES.

La *Musique* est la science des rapports qui existent entre les sons.

La *Composition musicale* a pour but l'application de ces divers rapports.

L'expression ou *Exécution* de ces rapports a lieu par la musique vocale et instrumentale.

On appelle *Solfége* l'étude des principes qui président à cette exécution.

Le Solfége se divise en deux parties distinctes ; l'une nous apprend les principes proprement dits, l'autre, l'écriture musicale ou notation.

PREMIÈRE PARTIE.

ABRÉGÉ DES PRINCIPES DE MUSIQUE.

ARTICLE Iᴇʀ.

DES ACCORDS.

On appelle *Accord* la réunion de plusieurs sons en rapport.

Le premier accord s'appelle *Accord parfait.*

L'accord parfait se compose de trois termes. Le premier se nomme *Tonique,* parce qu'il donne son nom au ton ; le second prend le nom de *Médiante,* parce qu'il est le terme moyen de la réunion ; et le troisième s'appelle *Dominante,* parce qu'il domine le plus après la tonique.

Les accords sont naturellement placés de dominante en dominante.

Il y a deux sortes d'accords parfaits : l'accord parfait *majeur,* et l'accord parfait *mineur.*

Le premier a lieu lorsque la médiante est majeure, c'est-à-dire séparée de la tonique par quatre demi-tons ; le second, lorsque la médiante est mineure, c'est-à-dire séparée de la tonique par trois demi-tons.

Noᴛᴀ. On appelle *demi-ton* le plus petit intervalle en musique séparant deux sons, et intervalle d'un *ton* celui qui est double du demi-ton.

ARTICLE II.

DES TONS ET DES MODES.

On appelle *Ton* proprement dit le rapport qui existe entre un accord et deux autres accords.

Un accord se trouvant naturellement placé entre deux autres, se trouve en rapport avec eux.

Les tons sont placés comme les accords, de dominante en dominante.

Le premier ton est celui d'*ut* naturel majeur.

On appelle *Mode* la manière d'être du ton.

Lorsque l'accord parfait du ton est majeur, le ton est majeur, c'est-à-dire dans son mode majeur; lorsque l'accord parfait du ton est mineur, le ton est mineur, c'est-à-dire dans son mode mineur

On appelle *Relatifs* deux accords ou deux tons en rapport par le mode.

Le relatif mineur est toujours placé au-dessous de son relatif majeur à la distance de trois demi-tons.

On nomme *Modulation* le passage d'un ton dans un autre

ARTICLE III.

DES GAMMES.

On donne le nom de *Gamme* à l'échelle ascendante ou descendante de plusieurs sons.

Il y a deux sortes de gammes: la gamme chromatique et la gamme diatonique.

La *Gamme chromatique* est celle qui ne marche que par demi-tons.

La *Gamme diatonique* est celle qui marche par intervalles de tons et de demi-tons.

La gamme d'un ton ou *Gamme tonique* se compose de sept termes et huit degrés.

La distance qui sépare les degrés de la gamme prend le nom d'*Intervalle*.

Les intervalles prennent le nom de *Seconde, Tierce, Quarte, Quinte, Sixte, Septième, Octave, Neuvième,* etc., selon qu'ils sont formés par 2, 3, 4, 5, 6, 7, 8, 9, etc., degrés.

On appelle *Unisson* le rapport qui existe entre deux mêmes sons.

Les degrés de la gamme tirent leur nom de la position qu'ils occupent relativement aux trois termes de l'accord parfait du ton.

L'accord parfait du ton est formé par la réunion du premier, du troisième et du cinquième degré de la gamme.

Le premier degré de la gamme s'appelle *Tonique*; le second, *Sus-tonique* ou *Sous-médiante*; le troisième, *Médiante*; le quatrième, *Sous-dominante*; le cinquième, *Dominante*; le sixième, *Sus-dominante*; le septième, *Sous-tonique* ou *Note sensible*.

Dans toute gamme majeure, il y a deux demi-tons: l'un est placé du troisième au quatrième degré, l'autre, du septième au huitième; les autres degrés sont séparés entre eux par des intervalles d'un ton.

Le ton mineur a deux sortes de gamme: l'une naturelle, et l'autre altérée.

La gamme naturelle a trois demi-tons, placés l'un du second au troisième degré, l'autre, du cinquième au sixième, et le dernier, du septième au huitième. De plus, elle a un intervalle de trois demi-tons, placé du sixième au septième degré; les autres degrés sont séparés par des intervalles d'un ton.

La gamme altérée a deux demi-tons en montant; l'un est placé du second au troisième degré, l'autre, du septième au huitième; les autres degrés sont séparés par des intervalles d'un ton. En descendant, elle a deux demi-tons; l'un est placé du sixième au cinquième degré, l'autre, du troisième au second; les autres degrés sont séparés par des intervalles d'un ton.

(*Voyez* le Tableau des tons et de leurs gammes, page 19.)

DEUXIÈME PARTIE.

ÉCRITURE MUSICALE OU NOTATION.

ARTICLE Iᵉʳ.

DES NOTES, DES PORTÉES ET DES CLEFS.

On appelle *Notes* les signes qui servent à représenter les sons.

Il y a sept notes, placées dans l'ordre suivant ascensionnel.

Do, Ré, Mi, Fa, Sol, La, Si.

On distingue deux choses dans une note: sa *Tonalité* et sa *Valeur.*

La tonalité d'une note dépend de la place qu'elle occupe sur la portée, et de la clef.

Sa valeur dépend de sa forme.

On nomme *Portée* la réunion de cinq lignes horizontales sur lesquelles on place les notes.

On ajoute au besoin à la portée de petites lignes qu'on nomme *Lignes supplémentaires.*

La première ligne de la portée est celle d'en bas. Exemple:

La *Clef* est un signe qu'on place au commencement de la portée pour faire connaître les notes.

Il y a trois sortes de clefs: la clef de *sol*: , la clef de *fa*: , et la clef d'*ut* .

La clef de *sol* se place sur la seconde ligne.

La clef de *fa* se place sur la quatrième ligne.

La clef d'*ut* se place tantôt sur la première, tantôt sur la troisième, et tantôt sur la quatrième ligne.

(*Voir* le Tableau des clefs, page 19.)

ARTICLE II.

DES VALEURS.

La *Note-Carrée* a une valeur double de la ronde.

La *Ronde* a une valeur double de la blanche.

La *Blanche* a une valeur double de la noire.

La *Noire* a une valeur double de la croche.

La *Croche* a une valeur double de la double-croche.

La *Double-Croche* a une valeur double de la triple-croche.

La *Triple-Croche* a une valeur double de la quadruple-croche, etc., etc.

On appelle *Silences* des temps de repos correspondant à chacune des valeurs des notes.

La *Double-Pause* , qui se place entre la troisième et la quatrième ligne de la portée, correspond à la , et a une valeur double de la pause.

La *Pause* , qui se place sous la quatrième ligne, correspond à la et a une valeur double de la demi-pause.

La *Demi-Pause* , qui se place sur la troisième ligne, correspond à la et a une valeur double du soupir.

Le *Soupir* , qui est tourné à droite, correspond à la et a une valeur double du demi-soupir.

Le *Demi-Soupir* , qui est tourné à gauche, correspond à la et a une valeur double du quart-de-soupir.

Le *Quart-de-Soupir* ♽ correspond à la ♪ et a une valeur double du huitième-de-soupir.

Le *Huitième-de-Soupir* ♼ correspond à la ♫ et a une valeur double du seizième-de-soupir, etc., etc., etc.

On emploie quelquefois la pause comme valeur d'une mesure entière.

Lorsque deux ou plusieurs notes à l'unisson sont liées, elles n'en forment qu'une.

Le *Point* placé après une note ou un silence augmente cette note ou ce silence de la moitié de sa valeur.

Lorsqu'on ajoute un second point au premier, le second augmente la note ou le silence du quart de sa valeur.

Le *Point-d'Orgue* ⌒ est un signe qu'on place sur une note qu'il faut soutenir en diminuant.

Le *Point-d'Arrêt* ⌒ est un signe qu'on place sur un silence qu'il faut soutenir.

On appelle *Rhythme* les différentes combinaisons des valeurs.

ARTICLE III.

DES MESURES.

Les *Mesures* sont des durées établies pour fixer la valeur des notes et des silences.

Les mesures se divisent en parties égales, qu'on nomme *Temps*, et ces temps se subdivisent de même en parties égales.

Une mesure est appelée *binaire* lorsque le nombre de ses temps est divisible par 2, et *ternaire* lorsqu'il est divisible par 3.

Un temps est appelé *binaire* lorsque le nombre de ses divisions est divisible par 2, et *ternaire* lorsqu'il est divisible par 3.

On distingue cinq sortes de mesures : les mesures *simples*, *composées*, *dérivées*, *diminuées*, *augmentées*.

Les *Mesures simples* sont au nombre de trois : la mesure à *deux temps* ou *deux-quatre*, la mesure à *trois temps* ou *trois-quatre*, et la mesure à *quatre temps*.

La mesure à deux temps est indiquée par la fraction $\frac{2}{4}$, placée au commencement du morceau, après la clef ; elle a la 𝅗𝅥 pour unité de mesure, et la ♩ pour unité de temps.

La mesure à trois temps est indiquée par la fraction $\frac{3}{4}$, quelquefois par le chiffre 3 ; elle a la 𝅗𝅥• pour unité de mesure, et la ♩ pour unité de temps.

La mesure à quatre temps est indiquée par la fraction $\frac{4}{4}$, plus souvent par un C ou un 4; elle a la ○ pour unité de mesure, et la ♩ pour unité de temps.

Les *Mesures composées* sont celles qui sont composées de deux mesures simples, binaire et ternaire; la plus usitée est la mesure à cinq temps, que l'on désigne par la fraction $\frac{5}{4}$ et quelquefois par un 5. Elle se compose d'une mesure $\frac{3}{4}$ et d'une mesure $\frac{2}{4}$.

Les *Mesures dérivées* sont celles qui dérivent des mesures simples, en ce qu'elles ont le même nombre de temps, mais que ces temps sont ternaires.

Elles sont au nombre de trois : la mesure *six-huit* $\frac{6}{8}$, la mesure *neuf-huit* $\frac{9}{8}$, et la mesure *douze-huit* $\frac{12}{8}$.

1° La mesure $\frac{6}{8}$ dérive de la mesure $\frac{2}{4}$; elle a la ○• pour unité de mesure, et la ♩• pour unité de temps.

2° La mesure $\frac{9}{8}$ dérive de la mesure $\frac{3}{4}$; elle a la ♩• liée à une ♩• pour unité de mesure, et la ♩• pour unité de temps.

3° La mesure $\frac{12}{8}$ dérive de la mesure $\frac{4}{4}$; elle a la ○• pour unité de mesure, et la ♩• pour unité de temps.

Les *Mesures diminuées* sont des mesures simples dont les valeurs sont diminuées de moitié. Les plus usitées sont : la mesure *trois-huit* $\frac{3}{8}$ et la mesure *quatre-huit* $\frac{4}{8}$.

1° La mesure $\frac{3}{8}$ est une mesure $\frac{3}{4}$ diminuée; elle a la ♩• pour unité de mesure, et la ♪ pour unité de temps.

2° La mesure $\frac{4}{8}$ est une mesure $\frac{4}{4}$ diminuée; elle a la ♩ pour unité de mesure, et la ♪ pour unité de temps.

On la confond généralement avec la mesure $\frac{2}{4}$.

Les *Mesures augmentées* sont des mesures ou simples, ou dérivées, dont les valeurs sont augmentées de moitié; ce sont: la mesure *deux-deux* $\frac{2}{2}$, la mesure *trois-deux* $\frac{3}{2}$, la mesure *quatre-deux* $\frac{4}{2}$, la mesure *six-quatre* $\frac{6}{4}$, la mesure *neuf-quatre* $\frac{9}{4}$, et la mesure *douze-quatre* $\frac{12}{4}$.

1° La mesure $\frac{2}{2}$, que l'on nomme généralement mesure à deux temps, et que l'on désigne de même par le chiffre 2 ou par un ₵, est une mesure à $\frac{2}{4}$ augmentée; elle a la ○ pour unité de mesure, et la ♩ pour unité de temps.

2° La mesure $\frac{3}{2}$ est une mesure $\frac{3}{4}$ augmentée; elle a la 𝅗𝅥 · pour unité de mesure, et la 𝅘𝅥 pour unité de temps.

3° La mesure $\frac{4}{2}$ est une mesure $\frac{4}{4}$ augmentée; elle a la 𝅝 pour unité de mesure, et la 𝅗𝅥 pour unité de temps.

4° La mesure $\frac{6}{4}$ est une mesure $\frac{6}{8}$ augmentée; elle a la 𝅗𝅥 · pour unité de mesure, et la 𝅘𝅥 · pour unité de temps.

5° La mesure $\frac{9}{4}$ est une mesure $\frac{9}{8}$ augmentée; elle a la 𝅗𝅥 · liée à une 𝅘𝅥 · pour unité de mesure, et la 𝅘𝅥 · pour unité de temps.

6° La mesure $\frac{12}{4}$ est une mesure $\frac{12}{8}$ augmentée; elle a la 𝅝 · pour unité de mesure et la 𝅘𝅥 · pour unité de temps (1).

On appelle *Battre la mesure*, marquer par des mouvements de la main ou du pied les temps qui caractérisent la mesure.

Les mesures à deux temps ont leur premier temps en bas et leur second en haut. Exemple :

Les mesures à trois temps ont leur premier temps en bas, leur second à droite, et leur troisième en haut. Exemple :

Les mesures à quatre temps ont leur premier temps en bas, leur second à gauche, leur troisième à droite et leur quatrième en haut. Exemple :

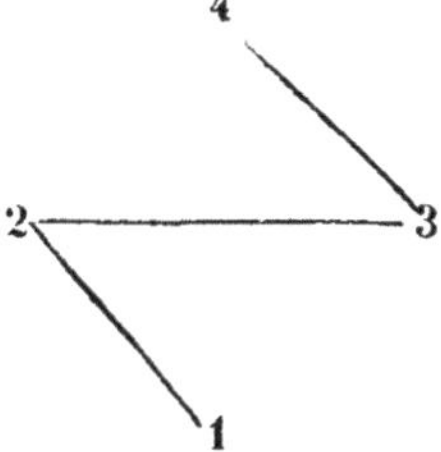

(1) *Voyez* le *Tableau des mesures*, page 22.

Les mesures sont séparées entre elles par des lignes verticales qu'on nomme *Barres de mesure*. Exemple :

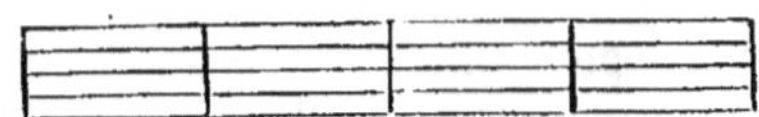

Il y a deux espèces de temps : les *Temps forts* et les *Temps faibles*.

Les mesures à deux temps ont leur premier temps fort, et leur second faible.

Les mesures à trois temps ont leur premier temps fort, et les deux autres faibles.

Les mesures a quatre temps ont leur premier et leur troisième temps forts, leur second et leur quatrième faibles.

Lorsqu'un temps est divisé en deux parties, la première est forte et la seconde est faible.

Lorsque le temps est divisé en trois parties, la première est forte et les deux autres sont faibles.

Lorsque le temps est divisé en quatre parties, la première et la troisième sont fortes, la seconde et la quatrième sont faibles.

On appelle *Syncopes* les notes qui commencent sur un temps faible et se prolongent sur un temps fort, ou bien qui commencent sur la partie faible d'un temps et se prolongent sur la partie forte.

On distingue deux sortes de syncopes : la syncope simple et la syncope brisée.

La *Syncope simple* se compose de deux temps entiers ou de deux parties de temps entières.

La *Syncope brisée* se compose d'un temps entier et d'une partie de temps, ou d'une partie de temps et d'une autre partie moindre.

On appelle *Triolet* des valeurs ternaires remplaçant des valeurs binaires.

Le triolet est généralement surmonté d'un 3 ; lorsque deux triolets se suivent, on les surmonte quelquefois d'un 6. Exemple :

ARTICLE IV.

DES ACCIDENTS OU SIGNES D'ALTÉRATION.

On appelle *Signes d'altération* ou *Accidents*, des signes que l'on place devant les notes pour en changer l'intonation.

L'*Intonation* réside dans la tonalité des notes.

Les signes d'altération sont au nombre de cinq:

Le *Dièse*, le *Double-Dièse*, le *Bémol*, le *Double-Bémol* et le *Bécarre*.

1° Le dièse ♯ hausse la note d'un demi-ton.

2° Le double-dièse ✕ hausse la note de deux demi-tons.

3° Le bémol ♭ baisse la note d'un demi-ton.

4° Le double-bémol ♭♭ baisse la note de deux demi-tons.

5° Le bécarre ♮ remet la note dans son ton naturel.

Lorsqu'un accident est placé dans une mesure, sa valeur ne dépasse pas cette mesure.

Lorsqu'un accident est placé à la clef, sa valeur se conserve durant tout le morceau.

On ne place à la clef que les accidents appartenant aux différents tons.

On appelle *Armature* de la clef les accidents qui accompagnent la clef.

Les tons relatifs ont à la clef les mêmes accidents.

On définit le ton d'un morceau à l'inspection de l'armature de la clef :

1° Lorsqu'il n'y a pas d'accidents à la clef, le morceau se trouve dans le ton de *do* naturel majeur ou de son relatif mineur.

2° Lorsqu'il y a des dièses à la clef, le dernier représente toujours la note sensible du ton majeur, et la sus-tonique de son relatif mineur. Le dernier accident est toujours celui qui se trouve le plus éloigné de la clef.

3° Lorsqu'il y a un bémol à la clef, le morceau se trouve dans le ton de *fa* naturel majeur ou de son relatif mineur.

4° Lorsqu'il y a plusieurs bémols à la clef, l'avant-dernier représente toujours la tonique du ton majeur et la médiante de son relatif mineur.

5° On distingue le ton majeur du ton mineur de deux manières : d'abord par la note qui commence et celle qui finit le morceau, le morceau commençant généralement et finissant toujours par une des notes de l'accord parfait du ton; en second lieu, par la note sensible du ton mineur, qui se trouve généralement dans les premières mesures.

Les accidents sont placés, comme les tons, de **quinte en quinte**.

Les dièses sont placés de quinte en quinte en montant.

Les bémols sont placés de quinte en quinte en descendant.

Exemple :

ARTICLE V.

DES NOTES D'AGRÉMENT.

On appelle *Notes d'agrément* ou *petites Notes*, des notes qui, n'ayant pas de valeur déterminée dans la mesure, sont écrites en petits caractères.

La *Petite Note simple*, ou *Appoggiature* est une petite note qui prend la moitié de la valeur de la note réelle qui la suit, lorsque cette note est divisible par 2, et le tiers, lorsqu'elle est divisible par 3.

Exemple :

La *Note brisée* ou *brève* est une petite note qui doit être exécutée très rapidement. Exemple :

Le *Groupe* ou *Grupetto* ∾, se compose de trois ou quatre petites notes brodant une note réelle : de trois, lorsqu'il précède cette note, de quatre, lorsqu'il la suit. Exemple :

Le *Demi-Groupe* se compose de deux petites notes brodant une note réelle. Exemple :

Le *Trille* ou *Cadence tr⌇*, se compose de plusieurs petites notes variant une note réelle. Exemple :

ARTICLE VI.

DES EXPRESSIONS ITALIENNES ET TERMES ADOPTÉS.

TERMES DE MOUVEMENT.

Largo	Large.
Larghetto	Un peu large.
Grave	Grave.
Adagio	Doucement.
Lento	Lent.
Andante	En allant aisément.
Andantino	En allant un peu aisément.
Tempo di marcia	Mouvement de marche.
Allegretto	Un peu vite.
Allegro	Vite.
Presto	Vivement.
Prestissimo	Très vivement.

TERMES QUALIFIANT LES PRÉCÉDENTS.

Maestoso . . .	Majestueux.	*Simplice* . . .	Simple.
Sostenuto . . .	Soutenu.	*Risoluto* . . .	Résolu.
Moderato . . .	Modéré.	*Animato* . . .	Animé.
Grazioso . . .	Gracieux.	*Agitato* . . .	Agité.

TERMES MODIFIANT LES PRÉCÉDENTS.

Scherzando . .	*Scherz.* . . .	En badinant.
Stringendo . .	*String.* . . .	En serrant.
Rallentando . .	*Rall.*	En ralentissant.
Ritardando . .	*Ritard.* . . .	En retardant.
Smorzando . .	*Smorz.* . . .	En mourant.
A tempo ou *in tempo*		Reprenez le mouvement.
1ᵉ *Tempo*		Reprenez le premier mouvement.
Istesso tempo		Gardez le même mouvement.
Mosso		Mouvementé.

TERMES DE NUANCES.

Piano	*P*	Doucement.
Pianissimo . .	*PP*	Très doucement.
Dolce	*Dol.*	Avec douceur.
Mezzo-voce . .	*Mez. voc.* . .	A demi-voix.
Mezzo-forte . .	*mf*	Demi-fort.
Forte	*f*	Fort.
Fortissimo . .	*ff*	Très-fort.
Sforzando . .	*sf* $\wedge$ . . .	En forçant.
Rinforzando . .	*Rinf.* $\wedge$ . .	En renforçant.
Crescendo . . .	*Cres.* < . .	En croissant.
Decrescendo . .	*Decres.* > .	En décroissant.
Diminuendo . .	*Dim.*	En diminuant.
Espressivo . .	*Espres.* . . .	Avec expression.

TERMES DIVERS.

Poco a poco . .	Peu a peu	*Più*	Plus.
Un poco . . .	Un peu.	*Ma*	Mais.
Molto	Beaucoup.	*Sempre* . . .	Toujours.
Assai	Très.	*A piacere* ou *Ad*	
Non troppo . .	Pas trop.	*libitum* . .	A volonté.

ARTICLE VII.

SIGNES DIVERS.

La *Double-Barre* de mesure ‖ se place à la fin d'un morceau et des diverses parties d'un morceau.

On appelle *Reprise* l'espace compris entre deux doubles-barres, ou une double-barre et le commencement, ou une double-barre et la fin.

Lorsqu'on doit faire la reprise, c'est-à-dire répéter la reprise, la double-barre est armée de deux points ‖.

Le *Renvoi* 𝄋 est un signe placé, soit à la fin, soit dans le courant d'un morceau, pour renvoyer au signe correspondant qui se trouve avant lui.

Les deux lettres *D. C.*, qui signifient *Da Capo*, indiquent qu'il faut reprendre le commencement.

Le mot *Fine*, ou *Fin*, indique l'endroit où l'on doit finir.

TABLEAU DES CLEFS AVEC LEURS PRINCIPALES NOTES.

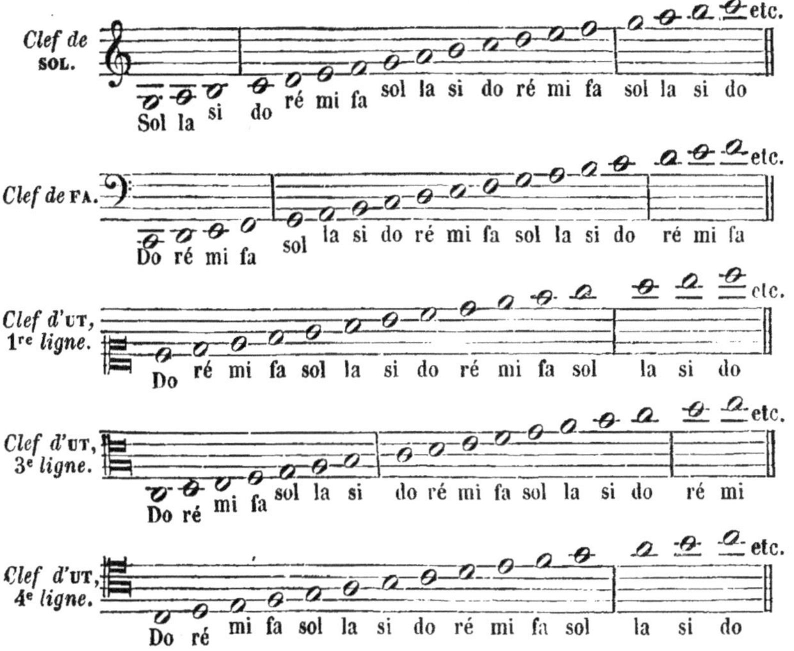

TABLEAU DES TONS ET DE LEURS RELATIFS.

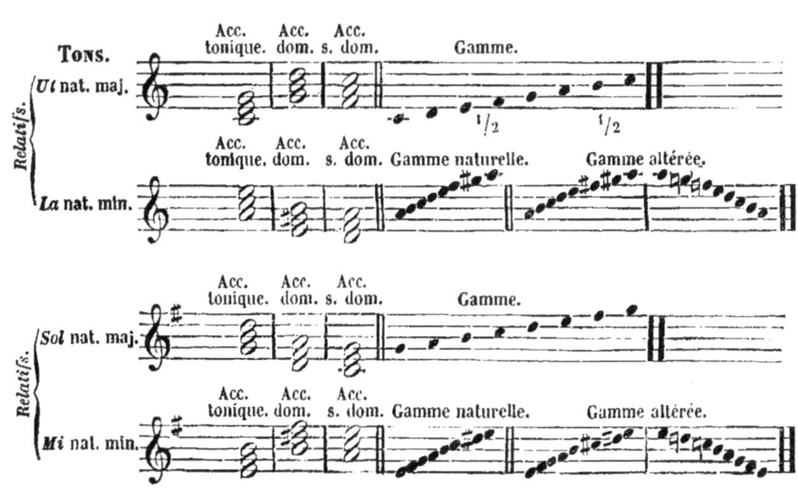

Tons.
Relatifs.
Fa nat. maj.
Acc. tonique. Acc. dom. Acc. s. dom. Gamme.
Ré nat. min.
Acc. tonique. Acc. dom. Acc. s. dom. Gamme naturelle. Gamme altérée.
Relatifs.
Ré nat. maj.
Acc. tonique. Acc. dom. Acc. s. dom. Gamme.
Si nat. min.
Acc. tonique. Acc. dom. Acc. s. dom. Gamme naturelle. Gamme altérée.
Relatifs.
Si b maj.
Acc. tonique. Acc. dom. Acc. s. dom. Gamme.
Sol nat. min.
Acc. tonique. Acc. dom. Acc. s. dom. Gamme naturelle. Gamme altérée.
Relatifs.
La nat. maj.
Acc. tonique. Acc. dom. Acc. s. dom. Gamme.
Fa # min.
Acc. tonique. Acc. dom. Acc. s. dom. Gamme naturelle. Gamme altérée.
Relatifs.
Mi b maj.
Acc. tonique. Acc. dom. Acc. s. dom. Gamme.
Ut nat. min.
Acc. tonique. Acc. dom. Acc. s. dom. Gamme naturelle. Gamme altérée.

Tons.
Relatifs.
Mi nat. maj.
Acc. tonique.
Acc. dom.
Acc. s. dom.
Gamme.
Ut ♯ min.
Acc. tonique.
Acc. dom.
Acc. s. dom.
Gamme naturelle.
Gamme altérée.
Relatifs.
La ♭ maj.
Acc. tonique.
Acc. dom.
Acc. s. dom.
Gamme.
Fa nat. min.
Acc. tonique.
Acc. dom.
Acc. s. dom.
Gamme naturelle.
Gamme altérée.
Relatifs.
Si nat. maj.
Acc. tonique.
Acc. dom.
Acc. s. dom.
Gamme.
Sol ♯ min.
Acc. tonique.
Acc. dom.
Acc. s. dom.
Gamme naturelle.
Gamme altérée.
Relatifs.
Ré ♭ maj.
Acc. tonique.
Acc. dom, s. dom.
Gamme.
Si ♭ min.
Acc. tonique.
Acc. dom.
Acc. s. dom.
Gamme naturelle.
Gamme altérée.
Relatifs.
Fa ♯ maj.
Acc. tonique.
Acc. dom.
Acc. s. dom.
Gamme.
Ré ♯ min.
Acc. tonique.
Acc. dom.
Acc. s. dom.
Gamme naturelle.
Gamme altérée.

TABLEAU DES MESURES.

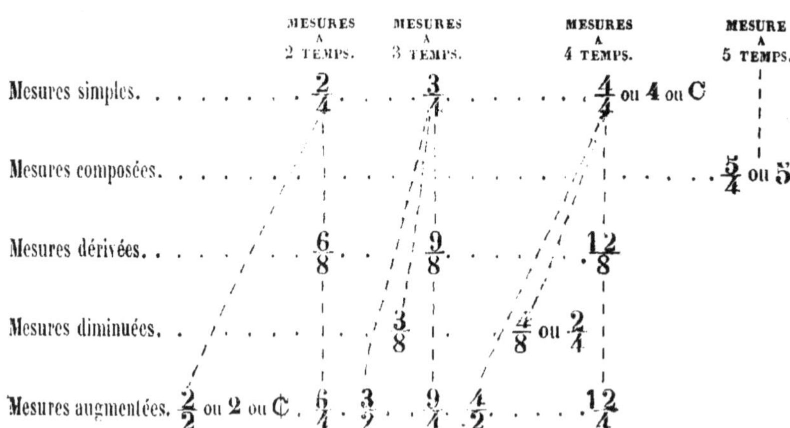

	MESURES À 2 TEMPS.	MESURES À 3 TEMPS.	MESURES À 4 TEMPS.	MESURE À 5 TEMPS.
Mesures simples.	$\frac{2}{4}$	$\frac{3}{4}$	$\frac{4}{4}$ ou **4** ou **C**	
Mesures composées.				$\frac{5}{4}$ ou **5**
Mesures dérivées.	$\frac{6}{8}$	$\frac{9}{8}$	$\frac{12}{8}$	
Mesures diminuées.		$\frac{3}{8}$	$\frac{4}{8}$ ou $\frac{2}{4}$	
Mesures augmentées.	$\frac{2}{2}$ ou **2** ou **¢** . $\frac{6}{4}$. $\frac{3}{2}$	$\frac{9}{4}$. $\frac{4}{2}$	$\frac{12}{4}$	

SOLFÉGE - MANUEL.

PREMIÈRE PARTIE.

EXERCICE SUR LA PAUSE.

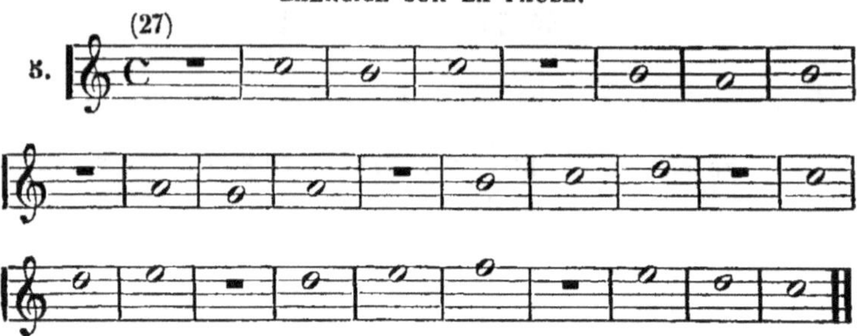

EXERCICES SUR LA BLANCHE.

EXERCICES SUR L'INTERVALLE DE TIERCE.

EXERCICES SUR LA DEMI-PAUSE.

CANON. 1. 2

16.

EXERCICES SUR LA NOIRE.

INTRODUCTION.

(10)

17.

(25)

18.

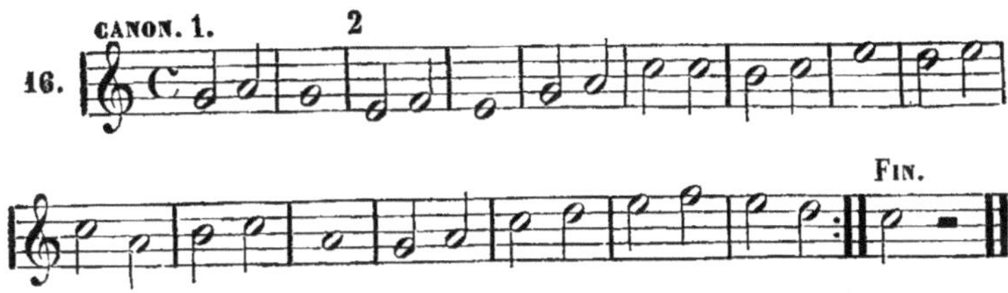

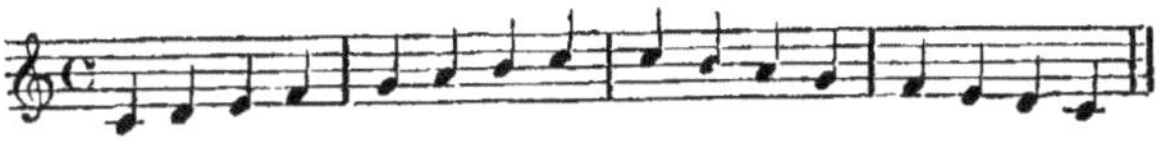

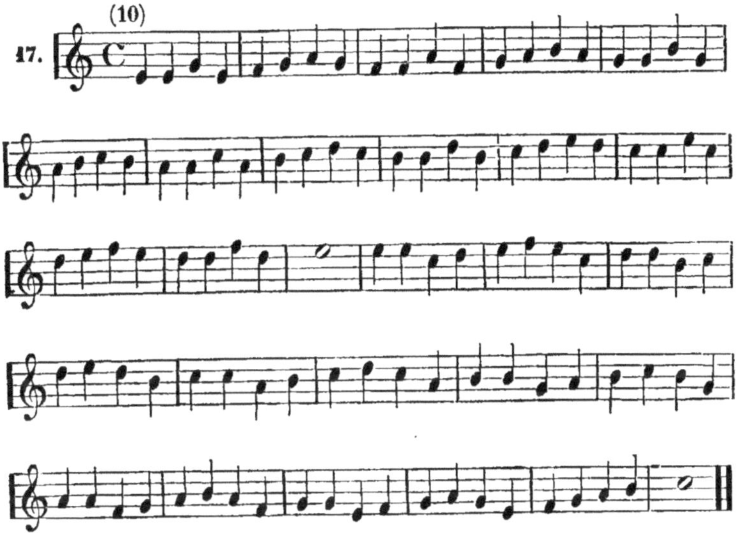

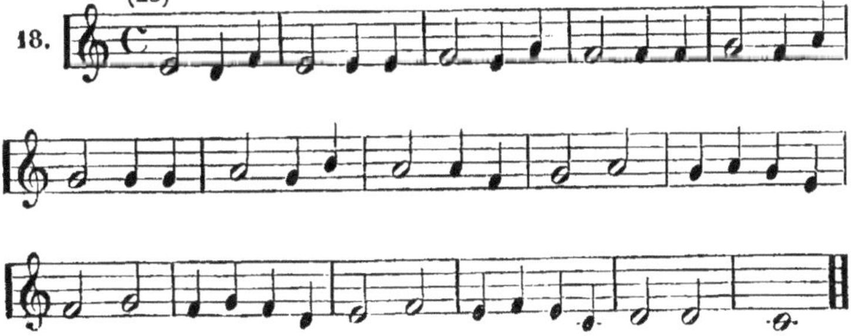

EXERCICES SUR L'INTERVALLE DE QUARTE.

EXERCICES SUR LE SOUPIR.

(30)
29.
(29)
30.
CANON. 1.   2
31.
FIN.
(11)
32.

EXERCICES SUR L'INTERVALLE DE QUINTE.

(40)
37.
(21)
38.
EXERCICES VARIÉS.
(36)
39.
3

EXERCICES SUR L'INTERVALLE DE SIXTE.

EXERCICES VARIÉS.

(44)
49.
(45)
50.
CANON.   1.   2.
51.
Là - bas, près du vil - la - ge, Mon cœur vo - le tou -
3
- jours: Sous ce ri - ant om - bra - ge Cou - lè - rent mes beaux
Fin.
jours. C'est   là que mon en - fan - ce Sui - vit son heu-reux
cours; Là   que, pen-dant l'ab - sen - ce, Mon cœur re-vient tou - jours. Là.

EXERCICES SUR L'INTERVALLE DE SEPTIÈME.

EXERCICES VARIÉS.

EXERCICES SUR L'INTERVALLE D'OCTAVE.

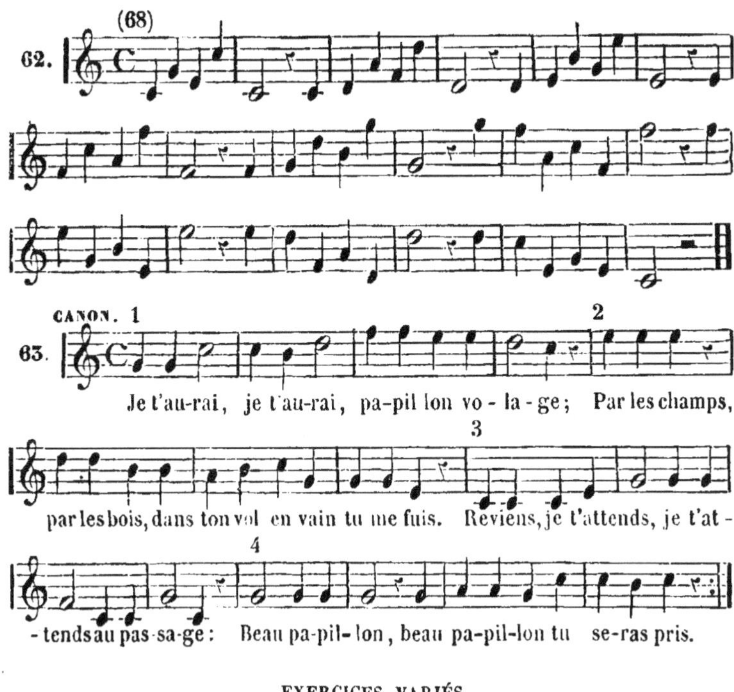

EXERCICES VARIÉS.

(59)
65.
(60)
66.
(61)
67.
(62)
68.

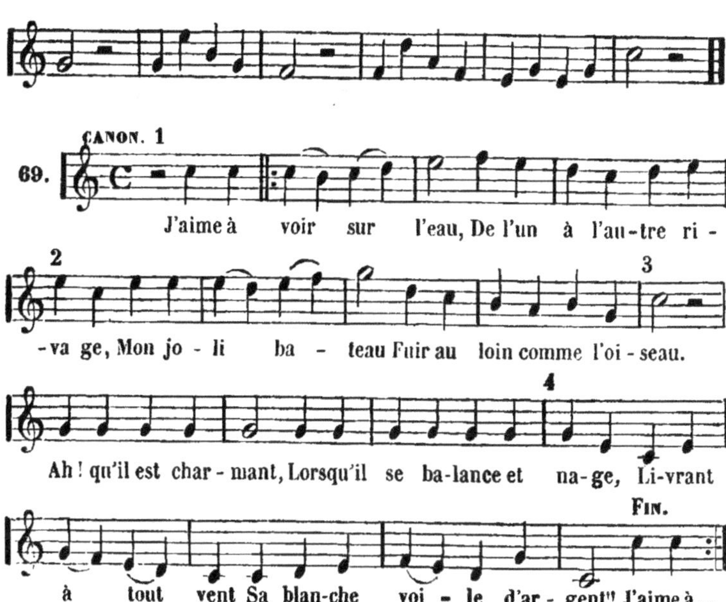

EXERCICES SUR LA MESURE DEUX-QUATRE.

(70)
71.
(74)
72.
(75)
73.

(72)
74.
(73)
75.

CANON. 1
76.
Voy - ez - vous dans la plai - ne Loin - tai -
- ne Pas - ser le gai trou - peau, le
2
gai trou - peau? Le pâ - tre le ra - mè -
- ne, Sans pei - ne, Le pâ - tre le ra -
- mè - ne Au ha - meau. En - ten - dez
la clo - chet - te Qui jet - te
Ses no - tes dans les airs, Ses no - tes
dans les airs; É - cou - tez la mu - set -
te Co - quet - te Du pâ - tre qui
Fin.
ré - pè - te Ses vieux airs!

EXERCICES SUR LA MESURE TROIS-QUATRE.

80.  (79)

81. CANON. 1 2

Fin.

EXERCICES SUR LES LIAISONS ET LES SYNCOPES.

82. (24)

(84)
85.
(83)
84.
CANON 1
85.
Où sont des vieux cas-tels Les tou-rel -les go - thi-ques, Les
2
joyeux mé-nes-trels Et leurs chants po-é - ti-ques? Où sont des che-va-
- liers Les flot-tan-tes ban-niè - res, Des fougueux des-tri - ers Les mou-
3
- van-tes cri - niè-res? Hé - las! la tour des preux S'é - lè-ve so-li-
4
- tai - re A -vec ses flancs pou-dreux, Sa cein-tu-re de lier-re!
Là ré-son - nent le soir Les plaintes gé-mis - san - tes Des
es-prits du ma-noir, Ou des bri - ses mou-ran - tes. Où...
4

86.
(87)
87.
(86)
88.
(93)
89.
(90)

EXERCICES SUR LES RONDES ET LES BLANCHES POINTÉES.

93.

CANON. 1

94.

2

3

4

5

6

EXERCICES SUR LES SYNCOPES.

95.

98.
(97)
99.
CANON. 1
Ruis - seau de la prai - ri - e. De ta
ri - ve fleu - ri - e, Mur - mure au Cré - a - teur, mur
2
- mu - re L'hymne de no - tre cœur! Ros - si -
- gnol du bo - ca - ge, Dans ton pi - eux ra - ma -
- ge, Re - dis, re - dis au fond des bois Les ac - cords
3
de nos voix! Au Sei - gneur, no - tre Pè - re,

EXERCICES SUR LES ACCIDENTS.

100.
(101)
101.
(100)

(103)
102.
(102)
103.

(105)
104.
(104)
105.
(107)
106.

(106)
107.
2
4

CANON. 1   2   3   4
108.
A mon foy - er so - li - tai - re   Que j'ai-me la
no - te lé - gè - re,   La no - te du joyeux gril - lon
Qui re - dit tou - jours sa chan - son!   Cri - cri,   Cri-
- cri.   De mon toit c'est le gé - ni - e,   L'hô - te qui lui
don - ne la vi - e;   Quand la bi - se souffle au de - hors,
É - cou-tez - le chan - ter a - lors: Cri - cri,   Cri -
- cri. Dans la flamme pé - til - lan - te   Il fait vibrer
sa voix per - çan - te,   Ré - veil-lant l'é - cho du lo - gis
Par mil - le chants, par mil - le cris. Cri - cri,   Cri -cri. Quand
la jeu - nes-se fo - lâ - tre   Vien-dra s'asseoir au-tour de
l'â - tre,   Pour é - gay-er le ré - veil - lon,   Chante en -
Fin.
- cor, chante, ô mon gril - lon.   Cri - cri,   Cri - cri.

EXERCICES SUR LE TON DE LA NATUREL MINEUR.

(118)
112.
(119)
113
CANON. 1
2
114.
FIN.

(109)
115.
(110)
116.
(111)
117.

FIN.

P. . . des de Tantenstein et Cordel, 92, rue de la Harpe.